AF358583

L'ÉCOLE RURALE

BELLES EXEMPLES

RECUEILLIES PAR UN VIEIL INSTITUTEUR

ET DÉDIÉES PRINCIPALEMENT *(Jonain)*

AUX ÉLÈVES DE HAMEAU

Hic patiens operum parvoque assueta Juventus.

VIRGILE, *Géor.*, II.

Endurcis au travail, riches de tempérance.

 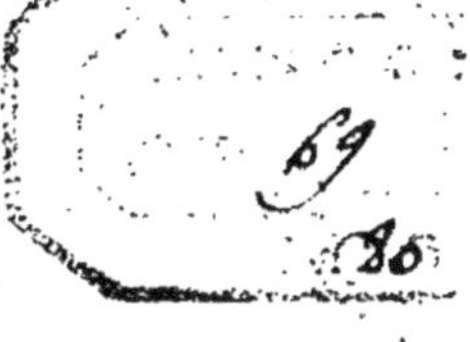

ROYAN

—

1880

L'ÉCOLE RURALE

L'ÉCOLE RURALE

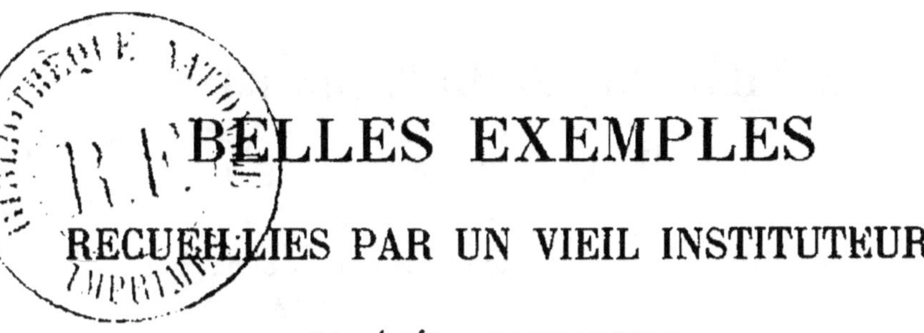

BELLES EXEMPLES

RECUEILLIES PAR UN VIEIL INSTITUTEUR

ET DÉDIÉES PRINCIPALEMENT

AUX ÉLÈVES DE HAMEAU

Hic patiens operum parvoque assueta Juventus.
VIRGILE, *Géorg.*, II.

Endurcis au travail, riches de tempérance.

ROYAN

1880

A LA VILLE ET COMMUNE DE PONS

—

A te principium, tibi desinet.
HORACE).

Par où j'ai commencé, par là je veux finir
De vous dire mon mot, Ecoles d'avenir.

Il y a 69 ans, pendant 10 mois de 1811 (année de la comète) et 10 mois de 1812, grâce à l'excellent professeur (laïque) Damar du Rumain et à sa méthode mutuelle, j'ai pu faire avec succès mes six premières classes de latinité, et voir mon nom villageois (Gemozacais) figurer en *lettres moulées* sur les programmes-placards de mon bon professeur.

Cédant à un caprice de vieil âge, je voudrais, si l'excellente imprimerie de Pons me prête son aide, y revoir ce même nom sur une minime brochure qui ne fût pas tout à fait inutile aux élèves des Damar et autres braves instituteurs, surtout de petites villes et campagnes, *présents et à venir.*

Je les salue de cœur et d'âme, eux et leur disciples en progrès civilisateur !

P. JONAIN.
P. P. C.

P.-S. — Il me souvient aussi que c'est à Pons que j'ai fait connaissance avec les représentations théâtrales, par l'*Honnête criminel* de De Falbaire, drame humanitaire et très moral, du XVIIIe siècle ; plus, en jouant, à la distribution des prix, le rôle de la Comtesse, et mon condisciple Bourquin celui de Chicaneau, dans la comédie des *Plaideurs*, toujours bien vue, et mieux lue encore.

PROPOSITION

Un maître d'école de village, qui avait une belle main, se fit un devoir et un bonheur de recueillir, en plusieurs cahiers, les exemples d'écriture qu'il *peignait*, on pouvait dire, et qu'il *illustrait*, a-t-on dit plus tard, de traits, de paraphes, de fleurs, d'oiseaux, de festons, de guirlandes.

Voici quelques extraits de ces antiques cahiers, qui ne seraient peut être ni désagréables, ni complètement inutiles aux écoles primaires de nos jours.

Nous nous privons, bien à regret, des fioritures; mais du moins nous choisissons de préférence les exemples rimées, et agencées en quatrains imités de ceux de Pibrac. Nous nous souvenons du service à nous rendu jadis par ces stances du vieux moraliste, qui nous échurent en manuel de lecture, à notre école primaire rurale, à la suite du cher enseignement maternel. Nous les voyons encore en la classe du bon maître Chauvin, au Maine-Bouquet. Imprimés en caractères gothiques, comme appendice à la *civilité françoise*, elles avaient, par tous ces archaïsmes même, plus d'un genre d'utilité.

Un livre, un livret plutôt, court, simple et pur, est si essentiel dans les leçons primaires! C'est un texte, une base, un cadre, un mémorial longtemps, toujours précieux.

A ce point de vue, les quatrains de Pibrac, extraits souvent de Phocylide et d'autres anciens (500 ans avant Jésus-Christ) ne nous semblent pas, même en notre siècle, aussi *vieillis* que Voltaire, quoique bon juge, les en accuse; ils restent dignes, en somme, de reconnaissance et d'émulation.

A Pibrac succéda très bien pour nous Pierre Blanchard, son vrai *trésor des enfants*, « Morale, Vertu, Civilité »; l'édition originale, bien entendu, et non sophistiquée, affadie, rendue narcotique par des faussaires à gages.

Vinrent ensuite *Morale en action*, un *Abrégé d'histoire naturelle*, un de *Géographie*. Le *Télémaque* alors ne gâta rien, grâce à la mythologie, par trop négligée de nos jours.

Voici donc un nouveau petit essai de livret scolaire. Nous l'offrons avec candeur à tous les âges et aux deux sexes, surtout dans nos bien-aimés villages et hameaux.

PROLOGUE

—

Que le vénérable et cher académicien monsieur Littré, ou son très intelligent abréviateur, monsieur Beaujean, nous laisse garder, avec l'Académie française, le double genre grammatical du mot *Exemple.* N'est-ce pas là, si minime qu'elle soit, une richesse linguistique de plus ?

Beaux Exemples, belles Exemples,
Double et diverse acception :
Beaux se donnent en action ;
Et *belles*, en Inscription,
Dans les Ecoles et les Temples ;...
Temples sans superstition.

BRÈVES PRIÈRES

(EN CHANT)

MATIN. Air d'une Cantate.

Voici le jour ! Voici le jour !
Ouvrier fidèle !
Tout se réveille aux chantiers d'alentour.
Qu'à ton libre concours de travail et de zèle
Famille et Patrie aient leur tour !
Voilà le jour !   (*deux fois.*)

SOIR. Air d'un Nocturne

Un jour de plus s'envole.
Ton acte et ta parole
En sont-ils un bon fruit ?
Un sommeil clair ou sombre
Te le dira dans l'ombre.
Voilà la Nuit !   (*quatre fois*).

AVANT LE REPAS. (Traduit de R. Burns, poète anglais).

Tels ont faim et n'ont pas de pain ;
Tels ont du pain et n'ont pas faim ;
Heureux, nous avons faim et pain :
Rendons grâce au Dieu souverain !

APRÈS LE REPAS. Air : *Toujours le méme.*

Grand Dieu, vrai Dieu, mon Dieu, je te rends grâces
Pour tous tes biens
Sur moi-même et les miens !
Avec ceux qui sont tiens
Nous recherchons tes traces :
Nous avons plus à cœur
Justice que Faveur.
Grand Dieu, vrai Dieu, mon Dieu, je te rends grâces !

PREMIER CAHIER

DU VIEUX MAITRE D'ECOLE

—

CONSCIENCE ET FAMILLE

—

Il est un Dieu, quelque nom qu'on lui donne,
Ordre éternel des Lois de l'univers,
Juste pour tous sur les mondes divers,
Sans privilège et sans tort à personne.

C'est le travail qu'il attend pour prière,
Rendons au droit ce que devoir dira,
Entr'aidons-nous, le Ciel nous aidera,
La conscience ici fait la lumière.

Pour que l'enfant ses père et mère honore,
C'est peu, trop peu que de les respecter ;
Il faut, en chœur, qu'on ait à répéter :
« Quels bons enfants leurs soins ont fait éclore ! »

Pour des parents atteints de flétrissure
A tort des fils innocents répondraient.
A meilleur droit de bons juges feraient
De bas en haut remonter la censure.

De haut en bas l'homme se paralyse ;
Le froid descend, comme fait le glacier :
Non du hameau, mais du donjon princier
Le mal s'étend, corrompt, démoralise.

Si vous croyez apercevoir du louche
A votre égard dans l'accueil des parents,
Sage et discret, observez les enfants :
C'est, comme on dit, une pierre de touche.

La vérité, la justice et l'enfance,
Dans la jeune âme, en tout, naissent d'accord.
Des maîtres faux c'est le coupable tort
Que d'en troubler l'intime concordance.

L'enfant éclaire, autant qu'il intéresse,
Que de bontés de nature et des cieux
Il nous révèle ! A tort semblent pieux
L'excès de soins et l'aveugle tendresse ?

La complaisance a maint effet contraire ;
Elle aide un autre à négliger la loi :
Il faut rester juste, même pour soi ;
Faire du bien par faiblesse, est mal faire.

D'où vient qu'en l'air l'éducation s'use ?
Du désaccord entre les précepteurs,
Epoux, amis, parents, instituteurs,
L'un prodiguant ce que l'autre refuse.

Etre d'accord, ensemble, avec soi-même,
Première loi d'une sage maison,
Si l'enfant voit en conflit la raison,
Il a la sienne, il la croira suprême.

Si malgré tout, le mensonge et l'envie
Livrent le juste aux iniques soupçons,
Qu'il persévère en conduite et leçons,
Le vrai suivra, fût-ce après cette vie.

Braves enfants, détestez le mensonge,
Source, torrent et gouffre de tous maux !
Même en nos jours, de tous les animaux
C'est l'homme, hélas ! qui le plus bas s'y plonge !

Qu'y gagne-t-il ? toujours plus ou moins prompte,
La fraude perce et vient à découvert.
Noire fumée alors, comme d'enfer,
Couvre le fourbe et de haine et de honte.

Parfois la langue est, en droit, dispensée
De révéler tout le fond du cœur ; mais
Il n'est moral ni social jamais,
D'employer l'art à fausser la pensée.

Quelqu'un voulait jadis que la nature
Nous fît à tous une fenêtre au cœur ;
Sera plus digne une porte d'honneur
Ne permettant qu'au vrai seul ouverture.

L'homme a les dons d'ouïe et de parole,
Pour écouter d'abord, parler après,
Pour travailler au mutuel progrès
Par l'entretien, la lecture, l'école.

Ce serait bien le comble du blasphème
Si ces faveurs, par le fait des méchants,
Se retournaient en pièges décevants
Contre quelqu'un... qui d'abord est soi-même.

Oui, le premier qui souffre du mensonge,
C'est le menteur : on en est bientôt las.
Que dis-je ? en soi lui-même ne croit pas ;
Sa conscience est un ver qui le ronge.

C'est à la cour qu'on faussait ces maximes,
La cour, profane, autre aussi... laissons les
Aux courtisans des fastueux palais,
Tant devenus des repaires de crimes !

DEUXIÈME CAHIER

ÉCOLE ET AMITIÉ

—

Aimons l'école. Elle est belle, elle est sainte,
Quand l'ordre juste y fait la liberté,
Quand l'examen prime l'autorité,
Quand le devoir ennoblit la contrainte.

Venez-y gais à travers la campagne,
Jeunes espoirs du *pays, paysans!*
On nous parquait autrefois, moins qu'enfants;
Mais science a liberté pour compagne.

On nous courbait serfs rivés à la terre,
La terre *unique,* erreur des vieux prêcheurs,
Qui nous vendaient leur pardon, eux pécheurs,
Damnaient travail, et bénissaient la guerre!

Qu'enseignaient-ils? Epeler, jamais lire.
D'ailleurs, combien comptait-on d'écoliers?
Qu'aurait-on lu dans leurs pauvres cahiers?
Non-sens, erreurs d'ignorance en délire.

Merveille était de bégayer, en tête
De l'A B C, sa « croix de par Dieu, crois! »
Croire était tout; savoir... une autre fois!...
En faire accroire est changer l'homme en bête.

Dans nos beaux jours, enfants, c'est autre chose!
Il faut savoir le sens juste des mots.
Viendront, à gauche, à droite, les propos
Du candidat, qui devant l'urne pose.

Plus haut, il faut aux systèmes du monde
Voir un peu clair : l'erreur de Josué,
De quels *merci !* Kepler est salué,
Aux vieux qorans ce qu'il faut qu'on réponde.

De notre globe, à minime surface,
Il faut tracer les *croûtes* et les mers,
Fleuves, pays, états, cités, déserts,
Départements de la française race.

Suivre l'histoire, avec géographie,
L'échange humain, et divin, des climats,
Le vrai commerce, apaisant les combats,
Chemins de mer, de fer, télégraphie.

En carte plane, en relief, formes belles,
Notre planète est montrée à vos yeux.
Vous en dansez la *ronde* dans les cieux,
Avec ses sœurs aux grandes lois fidèles.

De l'almanach vous sondez les arcanes,
Chiffrez l'année, en ses cours et recours,
Les douze mois, qui ramènent des jours
D'autant plus saints qu'ils sont fêtes profanes.

Ainsi Noël, pour citer des exemples,
Et Pâques sont des phases du soleil,
Qui naît et meurt sur l'horizon vermeil,
Sauveur prévu des bercails et des temples.

Point n'est de jour à magique nuisance ;
Le *vendredi*, qu'est-il, en plus, en moins ?
Les jours *heureux* sont tous ceux où nos soins
Se font honneur d'un trait de bienfaisance.

L'instruction, la voilà dans l'école.
Et quel essor pour l'éducation,
Quelle famille, en émulation
De goût, d'esprit, d'écrit et de parole !

Le choix du cœur, l'élection première,
Y dit : « Le tout ne vaut pas la moitié ! »
D'un condisciple acquérez l'amitié :
Pour tous vos jours c'est chaleur et lumière.

Dons merveilleux d'échange épistolaire
Que l'art moderne en toutes mains a mis,
Pour qui, sinon pour les heureux amis
Feriez-vous tant, à si peu de salaire ?

O doux trésors des amitiés d'enfance,
Vrais prix d'honneur, durables et sacrés !
L'herbier cueilli deux à deux dans les prés
En garde aux vieux image et souvenance.

Et l'herboriste en chef, le *second père*,
L'instituteur enfin, dont les leçons
Font discerner baumes d'avec poisons,
Aux cœurs biens nés que sa mémoire est chère !

TROISIÈME CAHIER

NATURE ET HYGIÈNE

« Boire et manger, s'exercer par mesure,
Sont de santé les *arts* les plus certains,
L'excès en l'un de ces trois aux humains
Hâte la mort, en forçant la nature. »

Pibrac.

Oh ! oui, nature et raison ! Les bien suivre,
Mises d'accord, allant du même pas,
Non les forcer. Et qu'on n'espère pas
Heureux et sain autrement pouvoir vivre.

Nature, c'est forces universelles ;
Raison, rayons de divine équité,
Nous possédons un lot de volonté
Pour tout régir par les lois naturelles.

Il nous faut donc les *chercher*, les connaître,
Les contrôler l'une par l'autre en nous ;
Nous en aider, non *quelques-uns*, mais *tous*,
Dont le suffrage universel soit maître.

En nous d'abord maintenons l'équilibre
De nos cinq sens, balançons-en les droits.
Dans un concert, ainsi, fer, airain, bois,
Sonne à son tour, et chaque corde vibre.

Du goût, du tact redoutons la puissance.
Elle domine en nos tentations.
Quelle est l'égide à leurs séductions ?
Désir modeste et sobre jouissance.

L'œil et l'oreille ont aussi leurs prestiges ;
Mais, villageois, vous êtes au-dessus :
Clavier, théâtre, amollissants abus,
Vous ni vos sœurs, ne vous ont rendus liges.

Quant aux parfums, à vous leur bon domaine :
Champ, bois, prairie, herbes, arbres en fleurs,
Rosée à l'aube (où ne sont point des *pleurs*),
Salubre odeur du soc fendant la plaine !

Combien sont loin d'être aussi salutaires
Parfumerie et luxe des cités,
Allèchements aux folles voluptés,
Arts de Circé, dégradant leurs sectaires !

Pour tous nos sens redoutons l'habitude !
C'est engrenage : un doigt y prend le corps.
Il ne faut pas lui passer bien des torts
Pour que raison déroge en servitude.

Et c'est surtout l'habitude factice
Qui prend sur nous un empire sans fin.
Au penchant vrai nature met un frein ;
D'un faux besoin naît incurable vice.

Malheur à qui prend le tabac pour maître,
Ou l'alcool, (d'absinthe, pis encor !)
Rien ne viendra l'affranchir que la mort,
Souvent hâtée, et cruelle à tout l'être ! (*)

Il est un art, ayant nom *Gymnastique*,
Vu qu'autrefois gens le pratiquaient *nus* ;
Efforts réglés, variés, reconnus
Comme entretien de la santé publique.

Un sage Anglais, Addison, qu'on renomme,
Cent fois en l'air allait ses bras jetant,
« Sonnant, dit-il, la cloche sans battant, »
Cet exercice active bien son homme.

(*) Ex.: Delirium tremens ; le Délire tremblant.

A vous, heureux travailleurs de la terre,
Point n'est besoin de Gymnases dressés :
Travaux et jeux vous exercent assez.
Contre les maux voilà l'utile guerre !

Noble travail ! Panacée infaillible
Contre les maux et du corps et du cœur !
« De nos aïeux, dit un sublime auteur,
L'œuvre des champs fit la race invincible. » (*)

Es-tu malade ? Au dedans, fais diète ;
Sur le dehors, mets résine en sachets.
Voilà de quoi guérir bien des déchets
A ce trésor, qui par or ne s'achète.

Ayant conquis l'équilibre en nous-même,
L'office humain est d'y veiller ailleurs ;
Les animaux, les arbres, ces meilleurs
Etres créés, vont aussi dans l'Extrême. (**)

(*) Voir l'Epigraphe tirée de Virgile.

(**) La Fontaine, Fables : *Rien de trop*, IX, 11 : *Le Philosophe Scythe*, XII, 20. Si le hasard, qui empêche tant de choses, venait à favoriser la mise en lumière de mon exemplaire des Fables, toutes ramenées à une saine moralité par l'addition de 200 vers distribués à la fin de 30 de ces fables (lesquelles sont au nombre de 243), maître hasard ou, mieux, dame Providence, pourrait se flatter d'avoir rendu service à la bonne éducation.

De son concours au plus fort tout abuse,
Tout veut conquête, attaque, invasion ;
Du haut en bas, tout dit : « Je suis Lion, »
Aigle ou renard, chêne ou jonc, force ou ruse.

Homme, sois juge ! en ta main la balance.
Du faible en tout Dieu te veut protecteur.
Des animaux surtout sois le tuteur :
C'est ta famille, en graduelle enfance.

Ceux sans lesquels nous serions misérables,
Anes, brebis, chiens, chèvres, bœufs, chevaux,
Les compagnons de nos riches travaux,
N'ont-ils pas droit à nos soins charitables?

Et vous, oiseaux, compagnons d'harmonie,
D'armes aussi contre nos ennemis
Les plus mortels — qui sont les plus petits,
Nous vous devons mansuétude infinie !

On a dit: trop de vigne : pas de vigne !
De cet excès qui nous délivrera,
Et de sa peine... hélas ! Phylloxéra ??
Arbres, oiseaux, en accord « juste et digne. » (*)

(*) Ce serait bien ici le cas de psalmodier: « Vere dignum et
justum est. æquum et salutare. »

Oiseaux sauveurs, fauvettes, hirondelles,
Hôtes charmants et jamais asservis,
Nos lois enfin vont protéger vos nids,
Types d'hymen et de mœurs fraternelles !

QUATRIÈME CAHIER

ARTS ET MÉTIERS

Chers enfants,

La musique, vocale au moins, est un des enseignements de l'école les plus essentiels et qui peut servir de véhicule à beaucoup d'autres.

Déjà, dans ces cahiers d'exemples, je vous ai proposé des *Airs*, pour trois ou quatre brèves prières. Il est doux d'élever sa voix de chant vers le grand chef d'orchestre, le régulateur de la mesure, qui, l'observant le premier, en donne invariablement l'exemple.

Je vous offre à présent quelques *chants* de travaux, d'arts et métiers, que pourront suivre des stances d'histoire et de patriotisme, complément de toute éducation vraie.

Voici premièrement un chant d'école proprement dit, prologue enfantin aux chants d'adultes qui pourront s'y adjoindre.

APPEL ET MARCHE

—

Air : *Avant la bataille.*

L'ÉCOLE SAGE

Allons à l'école,
Fortunés enfants !
Que de France et Gaule
Les fils soient savants !
Ici, nos ancêtres,
Au sein des grands bois,
Sous de sages maîtres
Apprenaient les lois.

L'ÉCOLE BUISSONNIÈRE

Les bois ! quelle chance !
Ecoliers bénis !

Ils devaient, je pense,
Trouver bien des nids.
La feuille est nouvelle ;
Venez, bons garçons,
Que je vous révèle
De riches buissons !

L'ÉCOLE SAGE

Non. Avec le barde
Point de fous ébats !
Les nids, on les garde
Des perfides lacs.
Plutôt, sur le chêne
Vois le gui divin !
Comprends force humaine
Sous esprit sans fin !

L'ÉCOLE BUISSONNIÈRE

Oui. Mère m'embrasse,
En chantant, le soir,
Quand, suivant sa trace,
J'ai fait mon devoir :
« Voudrais être morte,
Revenir demain,
Vaillante et plus forte,
Te gagner du pain ! » (*)

(*) Ancienne légende.

TOUS ENSEMBLE

Allons à l'école,
Fortunés enfants !
Que de France et Gaule
Les fils soient savants !
Ici, nos ancêtres,
Au sein des grands bois,
Sous de sages maîtres
Apprenaient les lois.

LE FORGERON

—

Air : *Veillons au salut de la France.* (*)

I

Frappez, marteaux ; résonne, enclume !
La Forge est un art des plus beaux.
Quel feu plus utile s'allume
Que pour façonner les métaux ?
Forgeron, forgeron ! tout métier est ton tributaire.
Pour nous tous, et pour toi, c'est toi qui fais les
[instruments.
Le fer, le feu, l'air, l'eau, la terre,
Voilà pour toi cinq éléments.

(*) A modifier les premiers vers de cet hymne républicain :

Veillons au salut de la France !
« Veillons au maintien de ses droits ! »
Toute factieuse espérance
Doit tomber sous la loi des lois !

II

O grandioses harmonies
D'éclairs, d'orages, de soufflets !
Quelles mâles faces brunies !
Quels forts bras sous les chauds reflets !
On croyait autrefois que tu fabriquais le tonnerre ;
Mais bien mieux, pour forger les socs à féconder
[nos champs,
Le fer, le feu, l'air, l'eau, la terre,
Combinent tes cinq éléments.

III

Les rois t'ont commandé leur foudre,
« Leur dernière — et seule — raison. »
Ah ! qu'ils laissent mouiller la poudre,
Qu'ils laissent rouiller le canon !
Forgeron, désormais, pour une plus humaine guerre,
Pour tremper des ressorts qui domptent l'espace et
[le temps.
Le fer, le feu, l'air, l'eau, la terre,
Combinent tes cinq éléments.

IV

Du fer, ce trésor de la mine,
Plus riche qu'or et diamant,
Ton génie, o forge divine,
Sait tirer l'acier et l'aimant.

Avec eux, des déserts le vide toujours se resserre.
Pour percer, pour franchir les forêts et les océans,
    Le fer, le feu, l'air, l'eau, la terre,
    Combinent tes cinq éléments.

V

    Nous tendons le fer que tu files,
    D'un monde à l'autre, sous les mers.
    Malgré la distance, nos villes
    Causent entre elles par les airs.
Ce réseau de conseils t'est dû, sublime filandière !
De Paris à Lima l'échange est fait en deux instants.
    Le fer, le feu, l'air, l'eau, la terre
    Sont nos dociles éléments.

LE MAÇON

—

Air : *Des frêlons bravant la piqûre.*

I

D'autres bras cultivent la terre ;
A nous maçons, de l'embellir !
Nous disons à la lourde pierre :
Viens t'aligner ! viens te polir !
En vain notre art, à son aurore,
De Babel manqua la façon :
Vers le ciel nous montons encore :
Honneur à l'oiseau (*bis*) du maçon ! (*bis*)

II

Fée humaine, l'architecture,
Par un contraste toujours beau,
Mêle aux *rondeurs* de la nature
Son *droit* aplomb, son *droit* niveau.
Le plus riche et frais paysage,
S'il n'est orné d'une maison,
Paraît bientôt triste et sauvage.
Honneur à l'oiseau (*bis*) du maçon ! (*bis*)

III

Notre plus ancien édifice
Fut fait en grotte de rocher.
Bientôt le temple, à frontispice,
Du ciel prétendit approcher.
Le palais voulut colonnade ;
Le beffroi lui fit la leçon ;
Le fort brava la canonnade.
Honneur à l'oiseau (*bis*) du maçon ! (*bis*)

IV

Palmiers et bambous poétiques,
Croisant leurs élégants rinceaux,
Tracèrent aux maîtres gothiques
Les ogives et les vitraux.
Sur la pompeuse cathédrale
Dominant au loin l'horizon
La flèche étagea sa spirale.
Honneur à l'oiseau (*bis*) du maçon ! (*bis*)

V

Faites donc, compas, règle, équerre,
Pour tous des foyers chauds et sûrs !
Puisse du ciel et de la terre
La flamme en épargner les murs !
Que pierre, brique et chaux et sable
Abritent famille et raison !
Rendons saine même l'étable.
Honneur à l'oiseau (*bis*) du maçon ! (*bis*)

VI

Gens fortunés, l'heure est urgente
Qu'avec les siens le laboureur
Dans une demeure décente
Respire de son dur labeur !
Quand, beau ciel, tu te décolores,
Que tout est orage ou glaçon,
Faisons dire aux hameaux sonores :
Honneur à l'oiseau (*bis*) du maçon ! (*bis*)

LE JARDINIER

—

INTRODUCTION

Air : *Dans cette aimable solitude.*

Un jardin ! quelle fraîche image
De paix et de travaux bénis !
Ce nom, dans l'antique langage,
Est le même que paradis.

 Jardin, cher asile,
 Aussi doux qu'utile,

Qui nourris le corps et le cœur,
    Herbes que je sème,
    Simples fleurs que j'aime,
Parmi vous est le vrai bonheur.

COUPLETS

Air : *Avec les jeux dans le village.*

I

Le magister de ce village,
Qui classe mes plants en latin,
Dit que maint docte personnage
En vers a chanté le jardin.
Il me rappelle La Fontaine,
Qui, pour faire un charmant bouquet,
Picore thym et marjolaine,
Jasmin d'Espagne et serpolet.

II

Il me lit un abbé Delille.
Mais, lui dis-je, où retrouvez-vous,
Sous ces longs cordeaux qu'il défile,
Mes pois, mon oseille, mes choux ?

Votre Virgile est plus champêtre :
Je vois d'ici son vieux gaulois
Chargeant des fruits qu'il a fait naître
« Une table à braver les rois. »

III

Votre Bacon, votre Vanière
Laissent à désirer aussi :
Mais, tenez, j'aime la manière
De notre Bernard Palissy.
Ce saint martyr de son génie,
Ce pauvre et glorieux potier
Eût doucement coulé sa vie,
S'il n'eût été que jardinier.

IV

Vous citez un Abdolonyme,
Qu'un Alexandre, dit le Grand,
D'un jardinet guinde à la cime
D'un de ses fiefs de conquérant.
Quant à moi, si quelque Alexandre
Me chantait : viens ! je te fais roi.
Je dirais : j'ai de l'ail à vendre.
Cela sent bon…. meilleur que toi.

V

Quand j'aligne entre deux allées
Mes cèleris et mes choux-fleurs ;

Quand ma famille aux giroflées
Vient arroser baume et couleurs ;
Quand je mène au marché ma bête
Portant les produits de ma main,
Je méprise trône et conquête,
Je n'envie aucun faste humain.

Un jardin ! quelle fraîche image
De paix et de travaux bénis !
Ce nom, dans l'antique langage,
Est le même que paradis.
    Jardin, cher asile,
    Aussi doux qu'utile,
Qui nourris le corps et le cœur,
    Herbes que je sème,
    Simples fleurs que j'aime,
Parmi vous est le vrai bonheur.

LE TYPOGRAPHE

Air : *Vaudeville des deux Edmonds.*

I

Bons habitants de la campagne,
C'est peu d'avoir blé, blé d'Espagne,

Des fruits, du bois, de tout enfin,
        Du pain, du vin ; (*bis*)
Il faut encore qu'un bon livre
Jeunes, vieux, nous apprenne à vivre :
Honorons-en donc bien l'auteur
        Avec son imprimeur. (*bis*)

II

Avant cet art et ses merveilles,
Que d'argent, de temps et de veilles
Il fallait pour tout copier
        Et publier ! (*bis*)
Par nous l'éclair de la pensée,
Une fois seulement tracée,
Pour tout le globe en sa rondeur
        Part de chez l'imprimeur.

III

Si l'almanach vous édifie,
Moins sur le beau temps ou la pluie
Que sur la lune, en tout son cours
        Et son décours ; (*bis*)
S'il vous dit les fêtes, les foires,
Les éclipses plus ou moins noires
Et quand se sème la primeur,
        C'est grâce à l'imprimeur.

IV

C'est nous, qui, par cents et par milles
Aux grandes, aux petites villes
Faisons pleuvoir tant de journaux,
    (Pas très-tous beaux). (*bis*)
Pour vous il n'en est guère encore ;
Mais tôt vous en verrez éclore,
Si le bon Dieu vous met au cœur
    Un sou pour l'imprimeur.

V

L'hiver, à la longue veillée,
Quand la famille est assemblée
Autour de l'âtre, et qu'on entend
    Siffler le vent, (*bis*)
Quel plaisir d'orner sa mémoire
D'une vraie et touchante histoire,
Qui ferait chérir le lecteur
    Et bénir l'imprimeur !

VI

Vous verriez nos pauvres ancêtres,
Esclaves sous d'indignes maîtres ;
Les bons, qui les ont délivrés,
    Défigurés.... (*bis*)

Puis, meilleur que le mien, sans doute,
Viendrait un chant que l'âme écoute;
Car l'*Air* est aussi, par bonheur,
Moulé chez l'imprimeur. (*bis*)

Surtout, grâce à l'écriture musicale en chiffres de Rousseau — Galin — Mainebeau — Saugeon — Paris — Chevé — etc.

CINQUIÈME CAHIER

HISTOIRE ET PATRIE

ÈRE EUROPÉENNE

O Miltiade ! ô Grèce, en toi la vie !
Sur nos sauveurs vrais, ceux de Marathon,
Combien l'Europe aurait juste raison
De donner base à sa chronologie !

490 ans avant l'ère chrétienne ; la Révolution française serait arrivée en l'an 2232.

Nous serions cette année-ci en 2370.

Une réforme plus usuelle serait le nom des mois ramené au bon sens et au sens des chiffres, par exemple :

Au lieu de Janvier	dire	*Primose*	1
—	Février	—	*Duose*	2
—	Mars	—	*Triose*	3
—	Avril	—	*Quadrinal*	4
—	Mai	—	*Quintinal*	5
—	Juin	—	*Sextinal*	6
—	Juillet	—	*Septénor*	7
—	Août	—	*Octénor*	8
—	Septembre	—	*Novénor*	9
—	Octobre	—	*Décennaire*	10
—	Novembre	—	*Undénaire*	11
—	Décembre	—	*Duodénaire*	12

$$24 \text{ Février } 1880 : 18 \frac{24}{2} 80.$$

COMPLAINTE HISTORIQUE

—

Air du *Juif-Errant*, ou mieux simple récit.

I. ÉPOQUE ARIENNE

L'homme, sur cette terre
Vrai chevalier errant,
Bravant glace ou tonnerre,
De tout va s'enquérant.
Son sort laborieux
Est rude et glorieux.

Dès la haute Hyrcanie,
Où son nid fut marqué,
Faux culte et tyrannie
En castes l'ont parqué.
A ces tant vieux abus
Nous payons nos tributs.

II. ÉPOQUE INDIENNE ET CHINOISE

Bouddah et Confutzée
Voulurent l'affranchir.
Leur science abusée
Plus bas l'eût fait fléchir :

Fakirs et mandarins
Ne font que pèlerins.

Pagodes, momeries,
Qu'en l'Inde on prêcha fort,
Ne sont qu'infirmeries
D'où bien sain nul ne sort.
Et que de régions
Crurent ces fictions !

III. ÉPOQUE ASSYRIENNE

Le régime de guerre
Sera-t-il plus sauveur ?
Il vint, dit-on, sur terre
Par Nemrod, grand chasseur.
Des chasseurs... et leurs chiens
Dangereux citoyens !

Que de meutes menées
Par un piqueur mutin,
De gloire enrubannées...
Et vivant de butin !
La patrie, aux abois
Tombe en curée aux rois.

Le mou Sardanapale
Fit bâtir, en un jour,

Deux villes, Tarse, Anchiale ;
Et puis, avec sa cour,
Près de se voir captif,
Il se brûla tout vif.

Un autre, à Babylone,
Nabuchodonosor,
En bœuf tomba du trône,
Comme on le conte encor.
Cela veut dire en bref :
Envoyer paître un chef. (*)

IV. ÉPOQUE PERSANE

En détournant le fleuve,
Cyrus, *seigneur* battant,
Prend Babel et s'abreuve
Du sang, « qu'il aime tant. »
Il vainc aussi Crésus,
L'ancien *père aux écus.*

L'empire Médo-Perse
Ainsi tient, lui second,
L'Asie et la traverse
Du Gange à l'Hellespont.

(*) Cette allégorie orientale est rendue évidente. palpable.
par les sculptures assyriennes. Voir aux musées.

Même il prend l'ancien
Royaume égyptien.

Dresseurs des pyramides, (*)
Les Pharaons du Nil,
De leurs plaines humides
Avaient mis en exil
Des hôtes trop nombreux
Les tenaces Hébreux.

V. ÉPOQUE HÉBRAÏQUE

Deux ou trois Zoorastres
Avaient dit, en Persan :
« Adore, dans les astres,
L'un des dieux, bienfaisant. »
Moïse, encore mieux,
Dit : « Il n'est point deux dieux. »

Il poursuit : « nulle image
En idole pour vous ! »
Mais, propos bien moins sage,
Il fait son Dieu *jaloux !*

(*) Les 7 merveilles du monde ancien : Jardins sur les murs
de Babylone, pyramides d'Egypte, labyrinthe de Crète, temple
de Salomon à Jérusalem, de Diane à Ephèse, colosse de Rhodes,
statue gigantesque Mausolée (ou tombeau de Mausolé).

Le Père universel
S'affoler d'Israël ! !

VI. ÉPOQUE HELLÉNIQUE

A nous l'Europe libre.
Grand peuple grec, c'est toi
Qui fondes l'équilibre,
Tu dis halte au *grand roi !*
Sur ses *sujets*, plus tard,
Flotte ton étendard.

Les états d'Alexandre,
D'eux-mêmes déchirés
Aux Romains se vont rendre,
Aux conquérants jurés.
Carthage, clé des mers,
Leur livre l'univers.

ÉPOQUE ROMAINE

République romaine,
Quels héros tu fournis...
Jusqu'au trop capitaine,
César, que tu punis
De s'être contre toi
Fait empereur et roi !

César avait en Gaule
Saccagé des deux mains :
Funeste et longue école
Aux empereurs romains !
Les Antonins, pourtant,
Font un siècle content.

Siècle à philosophie
Reine, (vœu de Platon) ;
Siècle qui glorifie
Marc-Aurèle et Zénon ,
Hymen si rare à voir
De Justice et Pouvoir !

Ils eurent un élève,
L'honnête Julien.
Mais quand viendra la trève
Aux torts du faux chrétien,
Qui, vraiment *apostat*,
Créa l'Eglise-Etat ?

Constantin, triste exemple,
Faisant mentir Jésus,
Rétablit dans le temple
Les marchands, leurs abus ;
Confondit trône, autel,
Esprit et temporel.

VIII. MOYEN-AGE.

L'église en est barbare ;
Comme tout châtelain ·
Que Charlemagne pare
De ses fiefs suzerains,
Le moyen-âge, hélas !
Fait nuit sur nos climats.

La croisade, entreprise
Pour soumettre les rois
Aux verges de l'église,
Des peuples sert les droits :
Aux manants les seigneurs
Vendent quelques douceurs.

IX. ISLAMISME.

Puis on voit par pratique
Que, sous mauvais renom,
Mahomet, l'Arabique,
A cependant du bon :
Saint-Louis en revient
Homme, quoique chrétien.

X. COMMUNES.

Et la Commune en France
Comme ailleurs se fonda :

Travail fit délivrance,
La royauté l'aida...
D'un bras toujours vénal,
Pour ou contre un vassal.

XI. RENAISSANCE.

Deux découvreurs de mondes,
Gutemberg et Colomb,
A l'ignorance, aux ondes
Donnent tort tout du long :
Par eux, livres, vaisseaux,
Font des mortels nouveaux.

XII. RÉFORME.

Aux sens, par Galilée,
A l'âme, par Luther,
La raison rappelée
Revient du noir désert.
Bravant glaive et bûcher,
On meurt pour la prêcher.

Un Bourbon despotique,
Dîsant « l'Etat, c'est moi. »
Traque en vain l'hérétique :
Il en étend la foi.
Sous l'élan des grands cœurs
Tombent ses successeurs.

XIII. RÉVOLUTION.

Un miracle (œuvre d'hommes),
La Révolution
Mit à néant des sommes
De persécution :
Qui tentent cependant
D'exhumer leur néant.

XIV. RÉPUBLIQUE.

Survint l'indispensable,
La mère aux bons espoirs ;
A tous part équitable
De droits et de devoirs ;
La République enfin,
Unique droit divin.

Que manque-t-il en terre
« Pour vrai couronnement : »
Arbitrage et non guerre,
Commun arrangement :
Eclairé, fraternel
Suffrage universel.

HYMNE HUMANITAIRE

Air de la *Marseillaise*. (France. 1792).

Allons, enfants de la science,
Apôtres de l'humanité,
Etendons la sainte alliance
De pensée et de liberté !
A travers donjons et frontières
Le temps propage nos succès :
Partout les écrivains français
Ont brisé les vieilles barrières.
Aux livres, citoyens ! que nos morts soient vivants ;
Lisons ! (*bis*) qu'un jour plus pur éclaire nos enfants !

L'Histoire est là ! clarté sublime.
A bas les éteignoirs divers !
Son stylet est la forte lime
Dont la trempe use tous les fers,
Quand Tacite et Quinet l'aiguisent,
Quand Michelet en fait un dard,
Des tyrans le double étendard
S'affaisse, leurs forces s'épuisent.
Aux livres, citoyens ! que nos morts soient vivants :
Lisons ! (*bis*) qu'un jour plus pur éclaire nos enfants !

Amour sacré de la pensée,
Conduis, soutiens nos chants vainqueurs !
Etude hardie et sensée,
Nourris nos esprits et nos cœurs !
Que le vrai, triomphante gloire,
Brille en tout lieu ! plus d'ignorants !
Pour redresser les pas errants,
Elevons des phares d'Histoire !
Aux livres, citoyens ! que nos morts soient vivants ;
Lisons, pensons ! qu'un jour plus pur éclaire nos
enfants !

RÉSULTATS SOCIAUX
PAR CLASSES EN FRANCE

La noblesse française, aidée de quelques tradi-
tions druidiques (le respect pour les femmes, par
exemple), a élevé en honneur la *chevalerie*.

La royauté et le tiers-état ont opéré *l'unité du
pays*.

Les légistes, appuyés sur le droit romain, ont ob-
tenu *l'unité de loi*, repoussé *l'absolutisme papal*, *l'in-
quisition* prétendue religieuse.

Des membres de clergés, protestants, gallicans,
jansénistes et quelques autres, ont travaillé dans le

même sens et préservé la France du régime qui fait les Paraguais, du jésuitisme, la *mort seconde*.

Les guerriers ont donné au nom français le prestige de la vaillance.

Les artistes et les femmes, le charme du goût.

Les publicistes, Rousseau en tête, ont créé la patrie, et mis la nation en mesure de réaliser l'idéal des institutions républicaines de l'avenir.

« Je hais ces mots de puissance absolue,
De plein pouvoir, de propre mouvement !
Aux saints décrets ils ont premièrement
Puis à nos lois la puissance *tollue* (otée).

Pibrac.

Que l'intrigant te soit toujours en haine !
Hue sur lui, comme fait le berger
Sur le loup fort ou le renard léger
Qu'il voit dans l'ombre épier leur aubaine. »

Pibrac modifié.

Maximes républicaines bien remarquables chez un conseiller et même chancelier de rois.

Même aux *sauveurs* la méfiance est due ;
Plein abandon de soi porte malheur :
C'est quand advient un prétendu sauveur
Que république, y croyant, est perdue.

Combien d'états en ont l'expérience,
Où la paresse à s'entendre, à s'unir,
A s'assurer ensemble l'avenir,
Prolongea tant la lâche obédience !

Initiés à d'antiques mystères,
Défiez-vous de trop intimes nœuds !
Les corps secrets, embrigadés par vœux,
Sont tous des camps, nous font soldats, non frères.

Il n'est qu'un vœu, c'est d'aimer la patrie,
De la défendre, elle et son droit sacré !
Sur ses guérets sanglants tous ont erré,
En n'y semant que sombre idolâtrie !

Direct, égal, garde bien ton suffrage.
Vrai souverain, il ne l'est qu'à ce prix.
A deux degrés, il te serait repris,
Et servirait... à river l'esclavage.

Rien de plus stable, en fait, que l'alternance.
Le choix survit plus que l'hérédité.
Le mouvement fait la solidité
D'astre qui tourne et de coursier qu'on lance.

Arrêt et mort, dans l'ensemble des choses,
Seraient tout un : que l'éternel moteur
De l'univers se *repose*... et, vainqueur,
Le noir chaos absorbe effets et causes.

Idée en marche et progrès politique
Font d'un État l'*infaillible* maintien.
Loi dynastique est fragile soutien.
Le lendemain n'est sûr qu'en République.

Trop *positive* et trop *matérielle*
Est notre erreur en institutions :
Son « tout visible » est plein de visions ;
Principes vrais, voilà base réelle.

Dieu, république et vérité, servie
Libre par tous (et par toutes, plus tard)
Enfants, voilà, pour ma très-humble part,
Le résumé de la philosophie.

CINQ GRANDS NOMS

Air : *T'en souviens-tu ?*

Enfant du sol, résumons-en l'histoire,
Tu la saurais, si l'on t'en eût instruit.
Tu l'as soufferte, et n'en as pas mémoire.
Les yeux fermés, pauvre serf est conduit,
C'est avec toi que le *chef des cent villes* (*)
Contre César jadis a combattu ;

(*) Le Vercingetorix, même titre.

Rome rendit vos haut-faits inutiles :
T'en souviens-tu, Gaulois, t'en souviens-tu ?

Jusqu'à Marcel, maire grand patriote,
Treize cents ans de féodalité,
Sans que pour toi le moindre seigneur vote ;
Tous pour leurs pairs, église et royauté,
De caste entre eux ils échangent des gages
Contre ta vile et rustique vertu,
Et tu rechois sous tes mille esclavages !
Jacques, foulé, *croqué*, t'en souviens-tu ?

Vient *Jeanne Darc*, une simple bergère,
Ayant tout plein de sang gaulois au cœur.
Elle met, contre une race étrangère,
Elle « à la peine, » et son prince « à l'honneur. »
Son noble sang, dont si tard l'œuvre éclate,
A l'Ennemi par un autre est vendu :
Hideux marché de Caïphe à Pilate !
T'en souviens-tu, Français, t'en souviens-tu ?

Quatre cents ans plus tard, un autre maire,
Bailly, savant sur terre et dans les cieux,
Préside, en astre, au serment populaire
Qui fait du peuple un pouvoir sérieux.
La terre, où page et fainéant opprime
Toi, qui nourris, en vivant d'un fétu,
La nation t'en fait part légitime :
De *tiers*-état fait *tout*, t'en souviens-tu ?

Tout va plus vite : en soixante ans à peine
De faux *trôneurs*, voilà LEDRU-ROLLIN !
Il vient fonder la loi républicaine,
En nous ouvrant, libre à tous, le scrutin.
Aux électeurs le pays agricole
Demande honneur, talent, non plus écu.
Plus d'agio, ni de cabale ; école !
Libre, égal, frère, homme, t'en souviens-tu !

GRANDES RENCONTRES

PERSONNAGES DÉCÉDÉS

Béranger, Lamartine et Denfert-Rochereau,
J'ai vu trois immortels, dans mon obscure vie.
Seine, Saône et Sèvre ont allaité de génie
Béranger, Lamartine et Denfert Rochereau.
Leur œuvre fut bien dire — et bien faire, plus beau,
Consoler, conseiller, conserver la patrie.
Béranger, Lamartine et Denfert-Rochereau,
J'ai vu trois immortels, dans mon obscure vie.

    J'ai vu deux fois un vaillant quatrième,
    Qui soupesa bien des grands dans ses mains :
    C'est Michelet, un juge des humains.
    J'ai vu deux fois ce vaillant quatrième...

Et sa compagne, un vrai second lui-même,
De cœur, d'esprit; ô bonheurs souverains!
J'ai vu deux fois ce vaillant quatrième,
Qui soupesa tant de grands dans ses mains!

CONCLUSION

—

« Es jeux publics, au théâtre, à la table,
Cède ta place au vieillard et chenu :
Quand tu seras à son âge venu,
Tu trouveras qui fera le semhlable. »

Pibrac.

Enfants, comblé du banquet de la vie,
Pour mon écot je vous dis ma chanson,
De maints reliefs de rime et de raison
Vous trouverez ma tablette servie.

Durant tant d'ans, laborieuse abeille,
Sur mille fleurs (*) j'ai recueilli du miel !
Je ne crois pas qu'il s'y mêle du fiel,
Sinon le peu que la défense éveille.

Qu'un seul de vous (et plus seront sans doute),
Veuille y goûter un salubre aliment,
Qu'un cœur, épris du droit enseignement,
Aux yeux futurs en éclaire la route.

(*) Voir la couverture du présent livre.

Que, s'appliquant à l'école laïque,
Du clair savoir implorant le moyen,
Il contribue à faire un citoyen
De véritable et juste république.

Au Président sous l'œil de qui tout passe
Je m'en irai, sans remords ni souci,
Dire humblement: *Grand maître*, me voici,
« Avec tous ceux dont tu douas ma classe. »

Et vous, Enfants, conserverez mémoire
De nos loyaux et villageois efforts.
Gardons aux vieux, plus vieux encore, aux morts,
Un souvenir ! c'est notre propre gloire.

Ludi Magister.

RECONNAISSANCE

Que les ingrats viennent à repentance !
Par leur fait même ils s'abaissent, punis ;
D'un riche avoir ils se sont démunis ;
C'est un trésor que la reconnaissance.

ASSURANCE

Aussi, jamais nul agresseur
De terre et ciel ne fera taire
Les disciples du défenseur
Des hommes et de Dieu, Voltaire.

EXPÉRIENCE

Gemozac, Pons, Bordeaux, Saintes, Royan, pour être
Quatre vingts ans penseur au vrai, disciple ou maître.

. . . . alto
Quœsivi lucem cœlo, lœtorque reperta.

Le moraliste Gui du Faur de Pibrac (voir Moréri,
article Faur, Faber, ouvrier) s'aida beaucoup de Phocylide, Théognis et autres antiques poètes dits *Gno-
miques* ou à sentences, qui écrivaient 500 ans avant
Jésus-Christ.

Il m'est arrivé de traduire ainsi qu'il suit, le beau
résumé de Phocylide, et de recevoir à ce sujet un
témoignage bien spontané et bien compétent de sa-
tisfaction :

Ton cœur soit pur de fraude et ton bras pur de sang.
Ton gain soit légitime et ton art innocent.
Vis content de ton bien, à ceux d'autrui ne touche.
Ne mens pas ; que le vrai soit toujours dans ta bouche.
Honore Dieu, d'abord ; tes parents après lui.
Satisfais l'ouvrier ; du pauvre sois l'appui.
Soutiens le faible ; accours à celui qu'on délaisse.
Sois armé seulement lorsqu'à tort on te blesse.

L'envie, horreur du bon, est l'arme du méchant.
En mots, vin et discours crains d'être intempérant.
Eprouve avant de croire ; attends la conséquence.
Donne : il te faut si peu pour ta courte existence !
Tous les morts sont égaux ; et Dieu dans ses palais
Reçoit l'âme immortelle et jeune à tout jamais ;

P. J.

A Monsieur P. Jônain, à Bordeaux.

Paris, le 7 avril 1858.

Monsieur, je viens de recevoir votre *Essai de Grammaire universelle*, et je m'empresse de vous en témoigner ma reconnaissance.

En coupant les feuillets de votre livre, mes regards ont été attirés (page 80) par votre traduction d'un morceau de Phocylide, et j'ai été vraiment charmé de la correction et de la précision de vos vers...

Agréez, Monsieur, l'assurance de ma haute considération.

(Toute la lettre autographe).

E. LITTRÉ.

ERRATUM. — Page 8, première ligne, lisez : ils avaient.

Imprimerie de Pons. — Noël TEXIER.